DECLARATION DU ROY,

Donnée à Verſailles le 16. Février 1692.

En interpretation de l'Edit de Creation des Greffiers des Inſinuations Eccleſiaſtiques.

Regiſtrée en Parlement le 8. deſdits mois & an.

LOUIS par la Grace de Dieu, Roy de France & de Navarre : A tous ceux qui ces preſentes Lettres verront ; SALUT. Par noſtre Edit du mois de Decembre 1691. Nous avons créé des Offices de Greffiers des Inſinuations Eccleſiaſtiques dans chaque Dioceſe de noſtre Royaume, auſquels nous avons attribué des droits ſuivant le Tarif arreſté en noſtre Conſeil le 11. du meſme mois, & entr'autres douze livres pour l'inſinuation de chaque d'un ou de deux bans: Mais il nous a été repreſenté qu'encore que l'inſinuation deſdites diſpenſes faſſe une des plus conſiderables parties des émolumens deſdits Officiers, cependant ils n'en retireroient pas tout le profit qu'ils en devroient attendre, parce que par l'article 19. dudit Edit Nous avions ſeulement ordonné une peine de nullité deſdites diſpenſes de bans faute de les faire inſinuer, ce qui n'emporteroit aucune obligation de les faire inſinuer à l'égard de toutes les perſonnes majeures, ny meſme des mineurs qui contracteroient mariage du conſentement de leurs pere & mere, le deffaut de publication de bans n'eſtant jugé eſſentiel pour la validité des mariages des perſonnes mineures, qu'ainſi la pluſpart des contractans ſe diſpenſeroient impunement de ladite inſinuation en fraude des droits attribuez auſdits Offices ; & qu'à l'égard des diſpenſes des mariages, comme nous avons ſeulement ordonné qu'elles ſeroient inſinuées, autrement que les parties ne pourroient s'en aider devant nos Juges, les contractans ne se mettroient en peine de les faire insinuer, qu'en cas que leur estat fust contesté, qui seroit un cas si rare, que l'on peut dire que le droit des Officiers à cet égard seroit absolument aneanty, & qu'il seroit bien plus seur pour l'execution dudit Edit, & pour assujettir toutes sortes de personnes à faire insinuer lesdites dispenses, au lieu des peines portées par l'Edit, de faire deffenses aux Curez & aux Vicaires d'enregistrer aucunes celebrations de mariage, que la dispense de mariage ou de bans, s'il y en avoit aucune, n'eust esté insinuée; parce que par ce moyen tous les contractants qui auroient interest d'établir la preuve de leur mariage, en le faisant mettre sur le Registre, se trouveroient obligez indispensablement de faire insinuer lesdites dispenses, au moyen dequoy les droits que nous avons attribuez ausdits Officiers leur seroient asseurez, & ne pourroient estre fraudez : ce qui Nous ayant paru important pour l'execution de nostredit Edit, & pour maintenir lesdits Officiers dans la joüissance entiere de tous lesdits droits. A CES CAUSES, de nostre certaine science, pleine puissance & autorité Royale, Nous avons par ces Presentes signées de nostre main, en interpretant autant que besoin seroit nostredit Edit du mois de Decembre 1691. dit & declaré, disons & declarons, Voulons & Nous plaist, qu'à l'avenir, du jour de la publication des Presentes, les dispenses de mariage & les publications de bans, ou les dispenses qui en auront esté obtenuës, ensemble l'insinuation desdites dispenses soient énoncées dans les actes de celebration de mariage lors qu'ils seront enregistrez par les Curez ou Vicaires; leur deffendons de mettre lesdits actes de celebration sur leurs Registres si lesdites dispenses ne sont insinuées, & sans y faire mention desdites dispenses de mariages & des publications de bans, ou des dispenses qui en auront esté obtenuës, ensemble de l'insinuation desdites dispenses & de sa datte, le tout à peine de cinquante livres d'amende pour chaque contravention; applicable aux Hospitaux des lieux, au payement de laquelle ils pourront estre contraints par saisie de leur temporel, derogeant pour cet effet à l'article 19. de nostredit Edit du mois de Decembre 1691. lequel nous voulons au surplus estre executé selon sa forme & teneur. SI DONNONS EN MANDEMENT à nos Amez & Feaux Conseillers les Gens tenant nostre Cour de Parlement de Paris, que ces Presentes ils ayent à faire registrer, & le contenu en icelles garder & observer selon leur forme & teneur, nonobstant tous Edits, Declarations, Ordonnances, Reglemens & autres choses à ce contraires, ausquels Nous avons derogé & derogeons par ces Presentes; aux copies desquelles, collationnées par l'un de nos Amez & Feaux Conseillers & Secretaires, Voulons que foy soit ajoûtée comme à l'Original; CAR tel est nostre plaisir: en témoin de quoy Nous avons fait mettre nostre sceel à cesdites Presentes. DONNE' à Versailles le 16. jour de Février l'an de Grace 1692. & de nostre Regne le quarante-neuviéme. Signé, LOUIS. Et plus bas, Par le Roy, PHELIPPEAUX. Et scellées du grand Sceau de cire jaune.

Registrées, oüy & ce requerant le Procureur General du Roy, pour estre executées selon leur forme & teneur; & copies collationnées envoyées dans les Bailliages & Senes-chaussées du Ressort, pour y estre leües, publiées & enregistrées: Enjoint aux Substituts du Procureur General du Roy d'y tenir la main, & d'en certifier la Cour dans un mois, suivant l'Arrest de ce jour. A Paris en Parlement le 28. Janvier 1692. Signé DU TILLET.

ARREST DU CONSEIL D'ESTAT

Du premier Mars 1692.

Qui ordonne qu'il ne sera payé que trois sols six deniers pour tous droits de Controlle des Exploits qui seront faits à la Requeste de M. Antoine Gatte.

Extrait des Registres du Conseil d'Estat.

SUR la Requeste presentée au Roy en son Conseil par maistre Antoine Gatte, chargé de la vente des Offices de Conseillers de Sa Majesté, Oeconomes Sequestres, Greffiers des Insinuations Ecclesiastiques, Greffiers des Domaines des gens de main-morte, & Notaires Royaux & Apostoliques, créez par Edit du mois de Decembre dernier, contenant que pour accelerer le debit desdits Offices il sera contraint de faire faire quantité de poursuites & diligences contre les Officiers supprimez par lesdits Edits, & contre ceux qui sont obligez de faire insinuer & registrer leurs Actes sur les Registres des Commis qu'il sera obligé d'établir à l'exercice desdits Offices en attendant la vente, les frais desquelles poursuites, & particulierement ceux de controlle des Exploits & Significations le consumeroient s'il ne luy estoit sur ce pourvû. A CES CAUSES, requeroit qu'il plût à Sa Majesté moderer le controlle des Exploits qui seront donnez à sa requeste à trois sols six deniers pour tous droits generalement quelconques, à quoy il y a d'autant moins de difficulté que la chose s'est toûjours pratiquée de la sorte dans les affaires de Sa Majesté. VEU ladite Requeste, & oüi le rapport du Sieur Phelyppeaux de Pontchartrain, Conseiller ordinaire au Conseil Royal, Controlleur General des Finances : LE ROY EN SON CONSEIL, a ordonné & ordonne que ledit Gatte, ses Procureurs, Commis, ou Preposez ne payeront que trois sols six deniers pour chacun controlle des Exploits & significations qui seront faites à sa requeste, pour raison du recouvrement dont il est chargé, circonstances & dépendances. Fait Sa Majesté deffenses aux Fermiers de ses Domaines, & aux Controlleurs des Exploits d'exiger plus grande somme, à peine de restitution du quatruple ; Enjoint aux Sieurs Intendans ou Commissares départis pour l'execution de ses ordres dans les Provinces ou Generalitez du Royaume, de tenir la main à l'execution du present Arrest, sans qu'il y soit contrevenu en aucune sorte & maniere que ce soit & puisse estre. FAIT au Conseil d'Etat du Roy, tenu à Versailles le premier jour de Mars, 1692. Collationné.

Signé, ROÜILLET.

ARREST DU CONSEIL D'ESTAT.

Du dix-huitiéme Mars 1692.

Qui ordonne que les Beneficiers & Gens de Mainmorte, declareront au Greffe des enregistremens qui seront établis, la qualité & consistance de leurs Domaines & Biens ; où ils sont situez ; Qui les tient à Ferme ; Si c'est ancien Domaine ou nouvel Acquest, Les tenans & aboutissans, & les Notaires qui ont leurs Baux ; &c.

Extrait des Registres du Conseil d'Etat.

SUR la Requeste presentée au Roy en son Conseil, par maistre Antoine Gatte Bourgeois de Paris, chargé par Sa Majesté du recouvrement de la finance qui proviendra de la vente des Offices de Greffiers des Domaines des gens de main-morte, créez hereditaires par Edit du mois de Decembre dernier, pour estre établis dans toutes les Villes & Bourgs situez dans tous les Diocefes du Royaume, Païs, Terres & Seigneuries de l'obeïssance de Sa Majesté : Contenant que par ledit Edit il est expressement porté, Que les gens de main-morte qui font & feront valoir par leurs mains leur Domaine en tout ou partie, feront une declaration pardevant Notaires, de dix en dix ans, contenant les biens qu'ils exploiteront, & la valeur d'iceux, laquelle ils affirmeront veritable, & & la feront registrer ausdits Greffes ; & à faute d'y satisfaire, ils y seront contraints à la diligence des Greffiers, par saisies de leur temporel : cependant lesdits Beneficiers & gens de main-morte n'ont encore tenu aucun compte de faire ladite declaration, bien que le Suppliant aye commis à l'exploitation desdits Greffes, suivant le pouvoir qui luy en a esté accordé par Sa Majesté, fondé sur ce qu'il n'est point dit quand l'epoct desdites dix années commencera ; qu'encore que les charges ausquelles les Preneurs sont obligez par leurs Baux, fassent incontestablement partie du prix d'iceux, aucuns cependant pretendant s'en dispenser, & d'autres voulant se soustraire à l'execution de l'Edit, pretendent que les Baux sous seing privé, ou faits verbalement ne sont point sujets à l'enregistrement, ny par consequent au payement des droits portez par l'Edit : A quoy il est necessaire de pourvoir ; A CES CAUSES, requeroit ledit Suppliant, qu'il plust à Sa Majesté, en interpretant ledit Edit, ordonner que les Beneficiers, ou autres gens de main-morte, soit qu'ils afferment ou fassent valoir par leurs mains, leur Domaine en tout ou partie : seront tenus de faire incessamment une declaration au Greffe des Enregistremens, créez par ledit Edit, contenant la qualité de leurs Domaines & biens, leurs revenus, en quoy ils consistent, & où ils sont situez, avec les tenans & aboutissans, & les charges & droits qui leur sont dûs, ou qu'ils doivent pour raison d'iceux, & à quels titres ils les possedent, si c'est de l'ancien Domaine ou de nouvel acquest, par donation ou autrement, le nom de leurs Fermiers, la datte & le prix des Baux avec le nom du Notaire qui les aura passez, & ceux de la Ville ou Paroisse de sa demeure, & autres circonstances & dépendances: Et s'ils en font valoir quelques-uns par leurs mains, ils en feront dés à present & à l'avenir, de dix en dix ans, une declaration pardevant Notaires, laquelle ils feront registrer ausdits Greffes, conformement audit Edit, & en payeront les droits, le tout huitaine aprés la publication de l'Arrest qui interviendra, pour toutes prefixions & delais, & à peine de trois cens livres d'amende, qui ne pourra estre remise, moderée ny reputée comminatoire, & applicable un tiers à l'Hospital, un tiers à Sa Majesté, & l'autre tiers ausdits Officiers: Comme aussi que tous les Notaires qui passeront des Baux ou autres Actes pour les gens de main-morte, seront tenus de declarer à la fin desdits Baux & Actes, qu'ils doivent estre registrez, faire deffenses tant ausdits Beneficiers & autres gens de main-morte, qu'aux Notaires qui passeront leurs Baux ou Actes, de contrevenir à l'Arrest qui interviendra, sous mesme peine de trois cens livres d'amende, laquelle ne pourra pareillement estre reputée comminatoire, remise ny moderée sous quelque cause & pretexte que ce puisse estre; ordonner en outre que les droits seront payez pour raison des charges, dont les Domaines affermez seront chargez, comme faisant partie du prix d'iceux, de mesme que des Baux sous seing privé, ou verbalement faits, avec deffenses de donner aucunes contrelettres pour raison de ce; & qu'à faute de faire enregistrer à l'avenir tous ceux qui seront passez en quelque sorte & maniere que ce soit, les contrevenans encoureront pareille amende de trois cens livres, & autres peines portées par ledit Edit: Et qu'à l'avenir tous les Notaires Royaux, & autres, seront tenus de declarer dans tous les Baux qu'ils passeront pour les gens de main-morte, qu'ils sont sujets à l'enregistrement, sous les mesmes peines. Enjoindre aux Sieurs Intendans & Commissaires départis pour l'execution des ordres de Sa Majesté dans les Provinces ou Generalitez du Royaume, de tenir la main à ce que ledit Arrest soit executé selon sa forme & teneur, nonobstant oppositions ou autres empeschemens quelconques, pour lesquels ne sera differé. VEU ladite Requeste, l'Edit du mois de Decembre dernier: Ouy le rapport du Sieur Phelyppeaux de Pontchartrain Conseiller ordinaire au Conseil Royal, Controlleur General des Finances. LE ROY EN SON CONSEIL, en interpretant, entant que besoin est ou seroit, ledit Edit, a ordonné & ordonne, Que les Beneficiers & autres gens de main-morte, soit qu'ils afferment ou fassent valoir par leurs mains, leur Domaine en tout ou partie, seront tenus de faire une declaration au Greffe des Enregistremens, créez par ledit Edit, contenant la qualité de leurs Domaines & biens, leurs revenus, en quoy ils consistent, & où ils sont situez, avec les tenans & aboutissans, & les charges & droits qui leur sont dûs, ou qu'ils doivent pour raison d'iceux, & à quel titre ils les possedent; si c'est de l'ancien Domaine ou de nouvel acquest, par donation ou autrement, les noms de leurs Fermiers, la date & le prix de leurs Baux, avec le nom du Notaire qui les aura passez, & celuy de la Ville ou Paroisse de sa demeure, & autres circonstances & dependances; & s'ils en font valoir quelques-uns par leurs mains, ils en feront dés à present, & à l'avenir, de dix en dix ans, une declaration pardevant Notaire, laquelle declaration ils feront registrer sur les Registres desdits Greffes, conformement audit Edit, & en payeront les droits d'enregistrement, & ce huitaine aprés la publication du present

present Arrest, pour toutes prefixions & delais, le tout à peine de trois cens livres d'amende pour chaque contravention, qui ne pourra estre reputée comminatoire, remise, ny moderée pour quelque cause & pretexte que ce puisse estre; & seront les contrevenans contraints au payement d'icelle, en vertu du present Arrest, & sans qu'il en soit besoin d'autres. Veut & ordonne en outre Sa Majesté, que les Notaires au Chastelet de Paris, & tous ceux des autres lieux du Royaume, declarent au bas des Baux ou Contrats qu'ils passeront pour les gens de main-morte, que lesdits Baux & Actes sont sujets à l'enregistrement, sous mesme peine. Enjoint Sa Majesté aux Sieurs Intendans ou Commissaires départis pour l'execution de ses ordres dans les Provinces & Generalitez du Royaume, de tenir la main à ce que le present Arrest soit executé selon sa forme & teneur, nonobstant opposition ou autres empeschemens quelconques, pour lesquels ne sera differé. FAIT au Conseil d'Etat du Roy, tenu à Versailles le dix-huitiéme jour de Mars 1692. Collationné. Signé ROUILLET, & scellé

ARREST DU CONSEIL D'ETAT.

Du dix-huit Mars 1692.

Qui ordonne que les pourveus des Offices de Notaires Royaux & Apostoliques feront Bourse commune entr'eux dans les lieux où ils seront plusieurs établis.

Extrait des Registres du Conseil d'Etat

SUR la Requeste presentée au Roy en son Conseil par Maistre Antoine Gatte, Bourgeois de Paris, chargé par sa Majesté du recouvrement de la Finance qui proviendra de la vente des Offices de Notaires Royaux & Apoſtoliques, créez par Edit du mois de Decembre dernier ; Contenant, que la pluſpart de ceux qui ſe preſentent à ſon Bureau pour acquerir leſdits Offices, demandent qu'auparavant de ſe ſoûmettre à en payer la finance, il ſoit ordonné qu'ils joüiront du droit de bourſe commune entr'eux dans les Villes & lieux où ils ſeront pluſieurs établis, & qu'à cet effet il leur ſera expedié un Arreſt du Conſeil ſur ce ſujet ; en quoy il y a d'autant moins de difficulté, que nuls deſdits Offices n'ont eſté vendus ny expediez juſqu'à ce jour, & que le Suppliant ne les vendra qu'à ceux qui voudront les acquerir à ces conditions ; pourquoy il a recours à Sa Majeſté pour luy eſtre ſur ce pourveu. A CES CAUSES, requeroit le Suppliant qu'il plût à Sa Majeſté ordonner que ceux qui ſeront pourveus deſdits Offices de Notaires Royaux & Apoſtoliques dans les lieux où il y en aura pluſieurs d'établis, feront entr'eux bourſe commune, ſçavoir de la moitié de leurs droits & vacations dans les Villes de leur établiſſement, & du tiers lors qu'ils ſeront obligez de ſortir deſdites Villes ; faire deffenſes à tous les pourvûs deſdits Offices de contrevenir à l'Arreſt qui interviendra ſur ce ſujet, à peine de deux cens livres d'amende ; & enjoindre aux Sieurs Intendans & Commiſſaires départis pour l'execution des ordres de Sa Majeſté dans les Provinces & Generalitez du Royaume, de tenir la main à ce qu'il ſoit executé ſelon ſa forme & teneur. VEU ladite Requeſte, le ſuſdit Edit du mois de Decembre dernier : Ouy le rapport du Sieur Phelyppeaux de Pontchartrain, Conſeiller ordinaire au Conſeil Royal, Controlleur General des Finances. LE ROY EN SON CONSEIL, a ordonné & ordonne que les pourvûs deſdits Offices de Notaires Royaux & Apoſtoliques, feront dans les lieux où ils ſeront pluſieurs établis, bourſe commune entr'eux, ſçavoir d moitié de tous leurs droits & vacations dans les Villes & lieux de leur établissement, & du tiers lors qu'ils seront obligez d'aller à la Campagne. Leur fait Sa Majesté deffenses de contrevenir à ce que dessus, à peine de deux cens livres d'amende, qui ne pourra estre reputée comminatoire, remise ny moderée, sous quelque cause & pretexte que ce puisse estre. Enjoint Sa Majesté aux Sieurs Intendans & Commissaires départis pour l'execution de ses ordres dans les Provinces & Generalitez du Royaume, de tenir la main à ce qu'il ne soit contrevenu au present Arrest. FAIT au Conseil d'Etat du Roy, tenu à Versailles le dix-huitiéme jour de Mars 1692. Collationné.

Signé, ROUILLET. Et scellé.

ARREST DU CONSEIL D'ETAT.

Du dix-huit Mars 1692.

Qui ordonne qu'il sera arresté un Rôlle de la Finance de six Offices de Greffiers des Domaines des Gens de main-morte, pour estre établis & exercez dans six differentes Villes du Diocese de Paris.

Extrait des Registres du Conseil d'Etat.

SUR la Requeste presentée au Roy en son Conseil par Maistre Antoine Gatte, Bourgeois de Paris, chargé par Sa Majesté du recouvrement qui proviendra de la finance des quatre cens Office de Greffiers des Domaines des gens de main-morte, créez hereditaires par Edit du mois de Decembre dernier, pour estre établis dans les Villes & Bourgs situez dans tous les Dioceses du Royaume, Païs & Terres de l'obeïssance de Sa Majesté, suivant & ainsi qu'ils seront distribuez par les Rôlles qui seront arrestez au Conseil; Contenant, qu'il se seroit presenté un particulier qui luy auroit fait sa soumission de lever ceux pour le Diocese de Paris aux conditions suivantes ; Premierement, qu'il en seroit établi six pour estre exercez dans six differentes Villes dudit Diocese, avec faculté au proprietaire d'iceux d'en joüir conjointement par une seule & mesme provision, comme d'un seul corps d'Office, & d'en faire les fonctions dans celle desdites Villes qui sera la plus convenable, ou de les desunir & en disposer de tout ou de partie en faveur de qui bon luy semblera, sans qu'à la premiere mutation ses Resignataires soient tenus de payer plus grand droit au Marc d'or, ny aux Officiers du Sceau, que ceux portez par l'Arrest du Conseil du 8. Janvier 1692. En second lieu, que tant que ledit particulier joüira desdits Offices par une seule provision, il luy sera permis de commettre sur ses simples procurations à l'exercice de ceux dont il n'aura pas disposé, & que ses Commis joüiront des privileges & exemptions portez par ledit Edit ; pourquoy le Suppliant requiert luy estre sur ce pourvû, afin d'accelerer le debit desdits Offices. VEU ladite Requeste & soûmission y énoncée. Oüy le rapport du Sieur Phelyppeaux de Pontchartrain Conseiller ordinaire au Conseil Royal, Controlleur General des Finances : LE ROY EN SON CONSEIL ayant égard à ladite Requeste, a ordonné & ordonne qu'il sera arresté un rôlle de la finance de six Offices, pour estre établis & exercez dans six differentes Villes du Diocese de Paris, dont le proprietaire d'iceux pourra joüir conjointement par une seule & mesme provision, comme d'un seul corps d'Office, & en faire les fonctions dans celle desdites Villes qui sera la plus convenable, ou de les desunir & en disposer de tout ou de partie en faveur de qui bon luy semblera, sans qu'à la premiere mutation ses Resignataires soient tenus de payer plus grands droits au Marc d'or, ny aux Officiers du Sceau, que ceux portez par l'Arrest du

Conseil du 8. Janvier 1692. & que tant que le proprietaire desdits Offices en joüira conjointement par une seule provision comme d'un seul corps d'Office, il luy sera permis de commettre sur ses simples procurations, à ceux desdits Offices dont il n'aura pas disposé; auquel cas ses Commis joüiront des privileges & exemptions portez par ledit Edit, de maniere neanmoins qu'il n'y ait pour lesdits six Offices, que six personnes qui joüissent desdits privileges & exemptions. FAIT au Conseil d'Etat du Roy, tenu à Versailles le 18. Mars 1692. Collationé.

Signé, ROUILLET. Et scellé.

ARREST DU CONSEIL D'ETAT.

Du vingt-deuxiéme Mars 1692.

Qui ordonne que Maistre Antoine Gatte, chargé par Sa Majesté du recouvrement de la Finance qui doit provenir de la Vente des Offices de Greffiers des Domaines des Gens de main-morte, & de ceux de Notaires Royaux & Apostoliques; pourra commettre telles personnes qu'il avisera à l'exercice & fonction desdits Offices, sur ses simples Procurations.

Extrait des Registres du Conseil d'Etat.

SUR la Requeste presentée au Roy en son Conseil par Maistre Antoine Gatte, Bourgeois de Paris, chargé par Sa Majesté du recouvrement de la Finance qui proviendra de la vente des Offices de Greffiers des Domaines des Gens de main-morte, & de ceux de Notaires Royaux & Apostoliques, créez par Edits des mois de Decembre dernier: Contenant, que l'obligation dans laquelle il se trouve de faire expedier des Commissions au grand Sceau pour faire exercer les susdits Offices, & les difficultés qui se rencontrent soit dans cette expedition, soit dans le choix qu'il est obligé de faire faire sur les lieux, de gens capables de les exercer, traisnent les choses en longueur; & retardent par consequent les établissemens qu'il est obligé de faire ; ce qui non seulement est préjudiciable au debit desdits Offices, mais encore contraire aux interests publics, en ce que lesdits Edits ayant esté registrez & publiez sur les lieux, ceux qui faisoient les fonctions des Offices de Notaires Apostoliques avant leur creation, ont esté contraints de les cesser : Ainsi le public, à qui ces fonctions sont absolument necessaires, est contraint de s'en servir, & souffre de leur deffaut. A quoy il est necessaire de pourvoir, afin d'avancer le debit desdits Offices. A CES CAUSES, Requeroit le Suppliant qu'il plût à Sa Majesté ordonner qu'il pourra commettre à l'exercice & fonction desdits Offices, telles personnes qu'il avisera bon estre, sur ses simples procurations, dont il demeurera civilement responsable. Ouy le Rapport du Sieur Phelypeaux de Pontchartrain Conseiller ordinaire au Conseil Royal, Controlleur General des Finances : LE ROY EN SON CONSEIL, a ordonné & ordonne, que ledit Gatte pourra commettre telles personnes qu'il avisera bon estre, à l'exercice & fonction desdits Offices, sur ses simples procurations; desquels Commis il demeurera civilement responsable. Enjoint Sa Majesté aux Sieurs Intendans & Commissaires départis pour l'execution de ses ordres dans les Provinces & Generalitez du Royaume, de tenir la main à ce qu'il soit executé selon sa forme & teneur, nonobstant oppositions ou appellations quelconques, & sans s'y arrester. FAIT au Conseil d'Etat du Roy, tenu à Versailles le 22. Mars 1692.

Signé, par Collation, ROUILLET.

ARREST DU CONSEIL D'ETAT.

Du vingt-neuviéme Avril 1692.

Qui unit les Offices de Notaires Royaux & Apostoliques, créez pour la Ville de Nantes, aux Notaires Royaux de ladite Ville.

Extrait des Registres du Conseil d'Etat.

SUR la Requeste presentée au Roy en son Conseil par les Notaires Royaux de la Ville de Nantes : Contenant que Sa Majesté ayant par son Edit du mois de Decembre dernier, creé des Offices de Notaires Royaux & Apostoliques dans tous les Dioceses du Royaume, Païs, Terres & Seigneuries de son obeïssance, Elle leur auroit attribué differentes fonctions, lesquelles pourroient dans les suites par la connexité & la concurrence qu'elles ont avec celle des Supplians, faire naistre des contestations entr'eux & ceux qui pourroient s'en faire pourvoir ; d'autant plus qu'il seroit presque impossible que les uns ou les autres ne contrevinssent à l'Edit ; ce qui auroit obligé les Supplians d'offrir de payer la somme de quinze mille quatre cens cinquante-cinq livres, & les deux sols pour livre pour la finance des Offices de Notaires Royaux & Apostoliques qui doivent estre établis dans le Diocese de Nantes, à condition qu'ils demeureront sous le bon plaisir de Sa Majesté unis à leurs Offices de Notaires Royaux. A CES CAUSES, Requeroient les Supplians qu'il plust à Sa Majesté accepter les offres par eux faites ; ce faisant, ordonner que les Offices de Notaires Royaux & Apostoliques qui doivent estre establis dans la Ville & Diocese de Nantes en consequence dudit Edit du mois de Decembre dernier, seront & demeureront unis & incorporez à ceux de Notaires Royaux dont les Supplians ſont pourveus, pour ne faire à l'avenir qu'un ſeul & un meſme corps d'Office, en joüir & faire par eux les fonctions conformement audit Edit, & conjointement avec celles de leurs Offices, ſans que pour raiſon de ce ils puiſſent eſtre tenus ny obligez de prendre aucunes nouvelles Lettres de proviſions, faire deffenſes à toutes ſortes de perſonnes de contrevenir audit Edit ſous les peines y portées, ny de les troubler ou inquieter ſous quelque cauſe ou pretexte que ce puiſſe eſtre. VEU ladite Requeſte, les ſoûmiſſions faites par leſdits Notaires Royaux de la ville de Nantes du 19 Janvier dernier. Ouy le rapport du Sieur Phelypeaux de Pontchartrain Conſeiller ordinaire au Conſeil Royal, Controlleur General des Finances: LE ROY EN SON CONSEIL a ordonné & ordonne, que les Offices de Notaires Royaux & Apoſtoliques qui doivent eſtre établis dans la Ville & Dioceſe de Nantes en execution de l'Edit du mois de Decembre dernier, ſeront & demeureront unis & incorporez à ceux des Notaires Royaux de ladite Ville, pour ne faire & compoſer à l'advenir qu'un ſeul & meſme corps d'Office, & eſtre exercez, & en joüir conformement audit Edit du mois de Decembre dernier, par les Supplians, conjointement avec ceux de Notaires Royaux dont ils ſont pourveus, ſans eſtre tenus de prendre de nouvelles Lettres, en payant ſuivant leurs offres, & ſur la Quittance du Treſorier des Revenus Caſuels, la ſomme de quinze mille quatre cent cinquante-cinq livres, & les deux ſols pour livre ſur celle de Maiſtre Antoine Gatte chargé de la vente deſdits Offices. Fait Sa Majeſté deffenſes à toutes ſortes de perſonnes de contrevenir audit Edit, & de troubler leſdits Notaires en la fonction deſdits Offices ſous les peines y portées. Enjoint au Sieur de Nointel Commiſſaire départi pour l'execution des ordres de Sa Majeſté en Bretagne, de tenir la main à ce que le preſent Arreſt ſoit executé selon sa forme & teneur. FAIT au Conseil d'Etat du Roy, tenu à Versailles le vingt-neuviéme Avril mil six cens quatre-vingt douze. Collationné.

Signé, DU JARDIN.

ARREST DU CONSEIL D'ETAT,

Du 6. Mai 1692.

Qui permet à toutes sortes de personnes, de quelque qualité & condition qu'ils soient, d'acquerir un ou plusieurs Offices de Conseillers de Sa Majesté Oeconomes Sequestres, Greffiers des Insinuations Ecclesiastiques, Greffiers des Domaines des Gens de Main-morte, & de Notaires Royaux Apostoliques.

Extrait des Registres du Conseil d'Etat.

SUR la Requeste presentée au Roy en son Conseil par Maistre Antoine Gatte, chargé par Sa Majesté du recouvrement de la finance qui doit provenir de la vente des Offices de Conseillers Oeconomes Sequestres, Greffiers des Insinuations Ecclesiastiques, Greffiers des Domaines de gens de main-morte, & de Notaires Royaux Apostoliques creez hereditaires par Edits du mois de Decembre 1691. verifiez où besoin a esté; Contenant, que la pluspart de ceux qui se presentent en son Bureau pour acquerir lesdits Offices, estant revestus de Charges de Conseillers aux Presidiaux, Tables de Marbre, Maistrises des Eauës & Forests, & autres Cours & Jurisdictions du Royaume, de Notaires au Chastelet de Paris, & Royaux, Greffiers dans lesdites Jurisdictions, Procureurs Postulans en icelles, Receveurs des Consignations, Commissaires aux Saisies Réelles, ou autres Offices de Judicature & de Finance; demandent, qu'auparavant d'acquerir lesdits Offices Ecclesiastiques; il leur soit accordé la faculté de posseder lesdits Offices sans estre tenus de prendre des Lettres de compatibilité pour les exercer, avec ceux dont ils sont pourvûs, lesdits Edits n'ayant rien statué sur la compatibilité, ou incompatibilité. Pourquoy ledit Gatte requiert qu'il plaise à Sa Majesté d'y pourvoir. VEU ladite Requeste, lesdits Edits du mois de Decembre 1691. Et oüy le rapport du sieur Phelypeaux de Pontchartrain Conseiller Ordinaire au Conseil Royal, & Controlleur General des Finances, LE ROY EN SON CONSEIL, a permis & permet à toutes sortes de personnes, de quelque qualité & condition qu'ils soient, d'acquerir un ou plusieurs Offices de Conseillers de Sa Majesté Oeconomes Sequestres, Greffiers des Insinuations Ecclesiastiques, Greffiers des Domaines de gens de main-morte, & de Notaires Royaux Apostoliques créez par lesdits Edits du mois de Decembre 1691. & de les tenir & exercer sans incompatibilité, avec quelques sortes d'autres Offices que ce puisse estre, soit dans les Cours ou autres Jurisdictions du Royaume, & sans estre tenus d'obtenir aucunes Lettres de compatibilité, dont Sa Majesté les a dispensé & dispense par le present Arrest, & sans qu'il soit besoin d'en obtenir d'autre. FAIT au Conseil d'Etat du Roy, tenu à Versailles le sixiéme jour de May mil six cens quatre-vingt douze. Collationné. Signé, DU JARDIN.

ARREST DU CONSEIL D'ESTAT.

Du 4 Juin 1692.

Contenant la Vente & Etablissement des Offices de Conseillers du Roy Oeconomes Sequestres, Greffiers des Insinuations Ecclesiastiques, Greffiers des Domaines des Gens de main-morte, & de Notaires Apostoliques.

Extrait des Registres du Conseil d'Etat.

LE ROY ayant par ses Edits du mois de Decembre dernier créé des Offices de Conseillers de Sa Majesté, Oeconomes Sequestres, Greffiers des Insinuations Ecclesiastiques, Greffiers des Domaines des Gens de main-morte, & Notaires Royaux & Apostoliques dans tous les Dioceses du Royaume, Païs, Terres & Seigneuries de son obeïssance; & par Arrest de son Conseil du 18. dudit mois de Decembre permis à Maistre Antoine Gatte chargé du recouvrement de la finance d'iceux, de les faire exercer, en attendant la vente d'iceux, par personnes capables, sur les Commissions qui en seroient expediées au grand Sceau à ceux qu'il nommera à cet effet; & fait défenses de s'immiscer en la fonction desdits Offices, sur les peines portées par lesdits Edits & Arrests: Et Sa Majesté étant informée, qu'au préjudice desdites défenses plusieurs personnes contreviennent ausdits Edits & Arrests, sans que ledit Gatte les en puisse empêcher, attendu qu'il n'a pas esté reglé devant quels Juges il poursuivroit les contrevenans: A quoy estant necessaire de pourvoir, afin de faciliter le debit desdit Offices; Oüy le rapport du Sieur Phelippeaux de Pontchartrain, Conseiller ordinaire au Conseil Royal, Contrôlleur General des Finances: LE ROY EN SON CONSEIL, a ordonné & ordonne, que toutes les contestations qui naiſtront pendant un an pour raiſon de la vente & établiſſement des Offices de Conſeillers de Sa Majeſté Oeconomes Sequeſtres, Greffiers des Inſinuations Ecleſiaſtiques, Greffiers des Domaines des Gens de main-morte, & Notaires Royaux & Apoſtoliques, créez par Edits du mois de Decembre dernier, ſeront pourſuivies & décidées pardevant les Sieurs Commiſſaires départis par Sa Majeſté pour l'execution de ſes ordres dans les Provinces & Generalitez du Royaume; & ce qui ſera par eux ordonné, executé nonobſtant oppoſition ou appellation quelconque, dont, ſi aucunes interviennent, Sa Majeſté s'en eſt reſervé, & à ſon Conſeil, la connoiſſance, & à icelle interdite à toutes ſes autres Cours & Juges. Fait Sa Majeſté défenſes à toutes ſortes de perſonnes de ſe pourvoir pour raiſon de ce ailleurs que devant leſdits Sieurs Commiſſaires; & à tous Juges d'en connoiſtre à peine de trois cens livres d'amende. Enjoint Sa Majeſté auſdits Sieurs Commiſſaires de tenir la main à l'execution du preſent Arreſt; ſans ſouffrir qu'il y ſoit contrevenu, ſous quelque cauſe & pretexte que ce puiſſent eſtre. FAIT au Conſeil d'Etat du Roy, tenu à Verſailles le quatriéme jour de Juin mil ſix cens quatre-vingt douze. Collationné. Signe, DU JARDIN.

AVERTISSEMENT à Meſſieurs les Gens de Main-morte.

LE Sieur Michel Commis à l'Exercice du Greffe des Domaines des Gens de Main-morte: Fait à ſçavoir à Meſſieurs les Beneficiers, Communautez Religieuſes, & autres Gens de Main-morte, à leurs Fermiers, & à tous autres qu'il appartiendra, que ſon Bureau pour l'enregiſtrement des Titres qui les concernent, eſt étably à Paris ruë de Mauconſeil, vis-à-vis l'Hoſtel de Bourgogne, à ce qu'aucun n'en ignore

& que lesdits Sieurs Beneficiers, Communautez Religieuses, & autres Gens de Main-morte ayent à y envoyer les Declarations qu'ils doivent passer pardevant Notaires des biens qui leur appartiennent, & qu'ils font valoir par leurs mains, & un autre sous seing privé seulement, contenant ceux qu'ils ont donnez à rente par Bail Emphiteotique, à loyer ou autrement; le tout conformément à l'Edit de creation dudit Greffe du mois de Decembre 1691. & à l'Arrest du Conseil intervenu en consequence le 18. Mars dernier, cy-Affiché pour la seconde fois. Pour estre celle concernant les Biens qu'ils font valoir, enregistrée sur le Registre dudit Greffe aux termes de l'Edit, dont ils payeront les droits suivant l'Edit; & celle des biens qu'ils ont donné à loyer ou à rente, pour servir de Memoire & Enseignement au Greffier, lequel n'en prendra aucuns droits; & que les Preneurs & Possesseurs de tous lesdits Biens ayent à rapporter & representer audit Greffe les Baux à Loyer, Emphiteose ou à Gaudence cy-devant faits, pour estre pareillement enregistrez. Et sera declaré tant aux uns qu'aux autres, qu'ils doivent aussi faire enregistrer les Titres & Contracts, Testamens, Donations, Transactions, Sentences, Jugemens & Arrests concernans leursdits Biens faits depuis l'Edit, ou qui le seront cy-aprés, & qu'à faute de ce faire le Proprietaire dudit Greffe poursuivra le payement des amendes portées par lesdits Edits & Arrests contre les Refusans ou Dilayans.

EDIT DU ROY,

Du mois d'Octobre 1691.

Portant Creation des Offices de Greffiers Conservateurs des Registres de Baptêmes, Mariages & Sepultures dans toutes les Villes du Royaume.

Registré en Parlement le 21. Novembre 1691.

LOUIS par la Grace de Dieu, Roy de France & de Navarre : A tous presens & à venir. SALUT : Nous avons par nostre Ordonnance du mois d'Avril 1667, enjoint à tous les Curez & Vicaires des Paroisses de nostre Royaume de tenir deux Registres pour enregistrer les Baptêmes, Mariages & Sepultures qu'ils font, lesquels Registres leur doivent estre fournis par chacun an aux frais de la Fabrique, & les feüillets cottez & paraphez par premier & dernier par le Juge Royal des lieux, l'un desquels doit servir de grosse & estre remis au Greffe de la Jurisdiction dont dépend la Paroisse, six semaines aprés chacune année expirée, & l'autre doit demeurer pour minute entre les mains des Curez ou Vicaires, afin d'assurer la preuve desdits Baptêmes, Mariages & Sepultures, qui sont les actes les plus importans de la societé civile. Mais la negligence de la pluspart desdits Curez & Vicaires, la dépense des Registres, & les frais qu'il convient faire pour les porter tant aux Juges pour les cotter & parapher, qu'aux Greffes pour les y déposer, en ont empesché l'execution en plusieurs endroits, & particulierement dans les Paroisses éloignées ; en sorte que les précautions que nous avons ajoûtées à celles qui avoient esté prises par les Rois nos prédecesseurs, par les Ordonnances de 1539. 1579. & 1625. demeurent presque inutiles, & les preuves desdits actes toûjours difficiles & peu certaines au préjudice du public & de nos propres interests : à quoy nous avons resolu de pourvoir, & pour cet effet de créer en titre d'Office des Greffiers Conservateurs desdits Registres de Baptêmes, Mariages & Sepultures, lesquels seront tenus d'envoyer dans toutes les Paroisses de nostre Royaume, dans le mois de Decembre de chacune année, deux Registres reliez, cottez & paraphez, pour écrire conformément à nôtre Ordonnance, les Baptêmes & Mariages & Sepultures qui se feront pendant l'année suivante, aprés laquelle ils seront aussi tenus de retirer & conserver celuy desdits Registres qui doit servir de grosse, le tout en leur payant des droits beaucoup moindres que ne seroient les frais qu'il conviendroit faire si nostre Ordonnance de 1667. avoit esté executée avec toute l'exactitude necessaire. A CES CAUSES, & autres à ce Nous mouvans, de l'avis de nostre Conseil, & de nostre certaine science, pleine puissance & authorité Royale, Nous avons par le present Edit perpetuel & irrevocable créé, érigé & établi, créons, érigeons & établissons en titre d'Office formé & hereditaire des Greffiers Gardes & Conservateurs des Registres des Baptêmes, Mariages & Sepultures dans toutes les Villes de nostre Royaume, Terres & Seigneuries de nôtre obeïssance où il y a Justice Royale, Duché, Pairie, & autres Jurisdictions : & en cas que le ressort d'aucune desdites Jurisdictions se trouve d'une trop grande étenduë pour estre exercées par un seul Officier, Voulons qu'il en puisse estre établi plusieurs, à la charge toutefois qu'il ne pourra estre établi aucun desdits Offices qu'il n'y ait au moins quarante Paroisses dans son détroit, suivant les Rôlles qui en seront arrestez en nostre Conseil, pour par les pourvûs desdits Offices fournir dans tout le mois de Decembre de chacune année, à commencer au premier Decembre prochain, à tous les Curez des Paroisses de nostre Royaume, ou à ceux qui feront les fonctions Curiales, deux Registres qui seront cottez & paraphez par lesdits Greffiers, à la reserve des premieres & dernieres pages, qui seront ſignées ſans frais par les principaux Juges Royaux des Juſtices où leſdits Greffiers ſeront établis, l'un deſquels Regiſtres ſervira de minute, & l'autre de groſſe, & ſeront composez d'un nombre de feüilles de papier timbré, reliez & proportionnez aux feux dont les Paroiſſes ſont composées, & pour leſquels leſdits Greffiers recevront des droits ſuivant le Tarif qui ſera arreſté en noſtre Conſeil ; leſquels droits leur ſeront payez lors de l'apport deſdits Regiſtres par les Marguilliers, Treſoriers, & Procureurs deſdites Fabriques, en les leur remettant, à quoy faire ils ſeront contraints par ſaiſie du revenu deſdites Fabriques, & ſi elles n'ont point de revenu, les Curez ou autres faiſans les fonctions Curiales, ſeront tenus de les payer à peine de ſaiſie de leur temporel, & de 20. liv. d'amende, dont la moitié nous appartiendra & l'autre moitié auſdits Greffiers : & s'il arrivoit que leſdits Curez ou autres faiſant fonctions Curiales, Marguilliers, Treſoriers, & Procureurs des Fabriques, ne ſe trouvaſſent pas dans les lieux de leur reſidence lors de l'apport deſdits Regiſtres, pour les recevoir & en payer les droits, ils ſeront dépoſez par leſdits Greffiers ou leurs Commis entre les mains du Syndic, du principal Collecteur, ou de l'un des habitans deſdites Paroiſſes, pour eſtre remis auſdits Curez, Marguilliers, Treſoriers, & Procureurs, leſquels ſeront tenus ſolidairement de porter ou envoyer audit Greffier le droit auquel ladite Paroiſſe ſe trouvera fixée dans la huitaine, à peine ledit temps paſſé de payer le double, laquelle peine ne pourra eſtre reputée comminatoire, remiſe, ni moderée pour quelque cauſe & ſous quelque pretexte que ce ſoit, par les Juges, auſquels Nous faiſons défenſes d'y contrevenir, à peine d'en répondre en leur propre & privé nom. Voulons que ſix ſemaines aprés chaque année expirée leſdits Greffiers puiſſent retirer les groſſes qui auront ſervi pendant l'année precedente, & que les Juges ou Greffiers des Juriſdictions Royales à qui les groſſes deſdits Regiſtres ont eſté délivrées depuis nostredite Ordonnance du mois d'Avril 1667. soient tenus de les remettre és mains desdits Greffiers ; ensemble tous les Registres des Consistoires qui ont esté déposez entre leurs mains en vertu de nostre Declaration du mois d'Octobre 1685. & ce dans huitaine aprés la demande qui leur en aura esté faite, à peine de cinquante livres d'amende, lesquels Greffiers s'en chargeront au pied d'un Inventaire qui restera és mains de ceux qui les auront délivrez: il sera au choix des particuliers de prendre des Extraits de Baptêmes, Mariages & Sepultures, des Greffiers, ou de les compulser des Curez ou Vicaires des Paroisses dont ils les voudront tirer, mais les Extraits qui seront délivrez par lesdits Greffiers feront foy en Justice sans qu'ils soient legalisez, pour l'expedition desquels nous leur attribuons dix sols dans les Villes où il y a Parlement, Evêché ou Siege Presidial, & cinq sols dans les autres lieux, conformément à nostre Ordonnance de 1667. Permettons à toute sorte de personnes d'acquerir un ou plusieurs desdits Offices pour sur les simples Quittances de Finance du Tresorier de nos Revenus Casuels bien & deuëment contrôllées, en joüir sans estre tenus de prendre des Lettres de Provisions dont nous les dispensons, à condition neanmoins par les porteurs desdites Quittances, ou ceux qu'ils auront nommez pour faire lesdites fonctions en leur lieu & place, de se faire recevoir pardevant les Juges des lieux de leur établissement ; les frais desquelles receptions nous avons reglé à trois livres pour les Charges au dessous de cinq cens livres de finance, quatre livres dix sols jusques à mille livres, & six livres pour celles au dessus à telles sommes qu'elles puissent monter. Défendons aux Juges d'exiger plus grande somme à peine de concussion & de restitution du quatruple. Et pour donner lieu ausdits Greffiers de se bien acquitter de leurs fonctions: Nous voulons qu'ils joüissent de l'exemption de logement effectif de Gens de Guerre, Guet & Garde,

& de toutes charges publiques, & qu'ils puiſſent faire tel negoce ou exercer telle autre Charge qu'il leur plaira ſans incompatibilité, leſquels Privileges Nous attribuons pareillement à ceux qui ſeront nommez par les Proprietaires deſdits Offices pour en faire les fonctions, pourvû neanmoins qu'il n'y ait qu'une ſeule perſonne qui joüiſſe des Privileges pour raiſon d'un meſme Office. SI DONNONS EN MANDEMENT à nos Amez & Feaux Conſeillers les Gens tenant noſtre Cour de Parlement & Cour des Aydes à Paris, que noſtre preſent Edit ils ayent à faire lire, publier & regiſtrer, & le contenu en iceluy garder & obſerver ſelon ſa forme & teneur, ceſſant & faiſant ceſſer tous troubles & empeſchemens qui pourroient eſtre mis ou donnez, nonobſtant tous Edits, Declarations, Ordonnances, Reglemens & autres choſes à ce contraires, auſquels nous avons derogé & derogeons par noſtredit preſent Edit; aux copies duquel collationnées par l'un de nos amez & feaux Conſeillers-Secretaires, Voulons que foy ſoit ajouſtée comme à l'Original: CAR tel eſt noſtre plaiſir. Et afin que ce ſoit choſe ferme & ſtable à toujours, Nous y avons fait mettre noſtre Scel. DONNE' à Fontainebleau au mois d'Octobre l'an de Grace 1691. & de noſtre Regne le quarante-neuviéme Signé, LOUIS, Et plus bas, par le Roy, PHELIPPEAUX. Et ſcellé du grand Sceau de cire verte.

Regiſtré, ouy, & ce requerant le Procureur General du Roy, pour eſtre executé ſelon ſa forme & teneur; & copies collationnées envoyées dans les Sieges, Bailliages & Senechauſſees du Reſſort, pour y eſtre pareillement leües, publiées & enregiſtrées; Enjoint aux Subſtituts dudit Procureur General du Roy d'y tenir la main, & d'en certifier la Cour dans un mois, ſuivant l'Arreſt de ce jour. A Paris en Parlement le 21. Novembre 1691. Signé DU TILLET.

EDIT DU ROY,

PORTANT CREATION DE JUREZ CRIEURS d'Enterrement dans les Villes & Bourgs du Royaume.

Verifié en Parlement le 14. Fevrier 1690.

LOUIS par la Grace de Dieu Roy de France & de Navarre : A tous presens & à venir, SALUT. L'établissement des Jurez Crieurs d'Enterremens dans nôtre bonne Ville de Paris est si necessaire au Public, que Nous avons crû qu'il seroit avantageux d'en établir dans les autres Villes de nostre Royaume, & mesme d'augmenter le nombre de ceux de Paris, qui n'est pas suffisant pour fournir dans toutes les occasions où leurs fonctions sont requises. A CES CAUSES, de l'avis de nostre Conseil & de nostre certaine science, pleine puissance & authorité Royale : Nous avons par le present Edit perpetuel & irrevocable, créé & érigé, créons & érigeons en titre d'Office formé, hereditaire, deux Jurez Crieurs d'Enterrement dans les principales Villes de nostre Royaume, où il y a Presidial ou Election, ou l'une des deux Jurisdictions, & un dans chacune des autres Villes & Bourgs où il n'y en a presentement aucun établi, pour y faire les mesmes fonctions que font ceux établis dans nostre bonne Ville de Paris, avec les mesmes Droits de trois sols pour aulne de Serge ou Drap blanc ou noir, huit sols pour aulne Satins ou Velours, & quatre sols pour chacune Robbe par jour, avec pouvoir de fournir d'hommes vêtus de leurs Robes & Chaperons de Deüil, pour faire les Semonces, & pour jouir des Privileges, Immunitez & Fonctions portées par l'Arrest de nostre Conseil du 5. Decembre 1634. & Lettres Patentes du mois de Septembre. 1641. contenant ce que lesdits Crieurs d'Enterremens peuvent prétendre pour les Fournitures qu'ils feront de Serges, Draps, Satins

Velours, Robes, Tentures, Argenteries, Poisles & Hommes pour faire lesdites Semonces & autres choses necessaires aux Obséques & Funerailles, mesme aux Eglises où se font les Enterremens & les Services, afin que ceux qui les employeront connoissent ce qu'ils seront tenus de payer, laissant neanmoins à nos Sujets la liberté de les employer & de s'en servir, si bon leur semble, sans neanmoins que d'autres personnes que lesdits Jurez Crieurs, puissent s'immisser de faire lesdites Fournitures & Fonctions, à peine de cinq cens livres d'amende, & de confiscation desdites Fournitures, & pour donner moyen ausdits Jurez Crieurs de se mieux acquitter de leurs emplois, sans en estre diverti alleurs, Nous voulons dés à present qu'eux & leurs Successeurs soient exempts de Logement de Gens de guerre, nonobstant le Reglement par Nous fait au mois de Novembre 1651. comme aussi qu'ils soient exemts de Collecte, Tutelle & Curatelle, & autres Charges publiques. Et attendu qu'en un mesme jour il peut y avoir plusieurs Enterremens, Funérailles, Services & Obséques, il leur sera permis de commettre tel nombre de personnes qu'ils aviseront bon estre. Avons pareillement créé & érigé, créons & érigeons en titre d'Offices formez hereditaires en nostre bonne Ville & Faux-bourgs de Paris, vingt Jurez Crieurs d'Enterremens, aux mesmes & semblables Droits dont joüissent les trente qui sont déja établis, lesquels avec les vingt nouvellement créez, ne feront qu'un seul Corps, mesme Communauté, & bourse commune. Voulons que sur les Rôlles qui seront arrestez desdits Offices en nos Revenus Casuels, il soit expedié des Quittances de Finance, à ceux qui en voudront estre pourvûs, & sur icelles des Provisions.

Si donnons en mandement à nos amez & feaux Conseillers, les Gens tenant nos Cours de Parlement, & des Aydes à Paris, Prevosts, Sénéchaux, Baillifs, leurs Lieutenans, & tous autres nos Officiers qu'il appartiendra, que ces Presentes ils ayent à faire enregistrer, & du contenu en icelles faire joüir & user lesdits Jurez Crieurs d'Enterrement pleinement, paisiblement & hereditairement, cessant & faisant cesser tous troubles & empêchemens quelconques, nonobstant tous Edits, Declarations; Reglemens, Arrests & autres choses à ce contraires, ausquels Nous avons derogé & derogeons par ces Presentes, aux copies desquelles collationnées par l'un de nos amez & feaux Conseillers-Secretaires, Voulons que foy soit ajoûtée comme à l'Original: Car tel est nostre plaisir. Et afin que ce soit chose ferme & stable à toûjours, Nous avons à nostre present Edit fait mettre nostre scel. Donné à Versailles au mois de Janvier, l'an de Grace mil six cens quatre-vingt dix, & de nostre Regne le quarante-septiéme. Signé, LOUIS; *Et plus bas*, Par le Roy, Colbert. Et scellé du grand Sceau de cire verte.

Registrées, Oüy, & ce requerant le Procureur General du Roy, pour estre executées selon leur forme & teneur; suivant l'Arrest de ce jour. Et copies collationnées envoyées dans les Sieges, Bailliages, & Sénéchaussées du Ressort, pour y estre pareillement lûes, publiées & registrées; Enjoint aux Substituts dudit Procureur General de tenir la main à leur execution, & d'en certifier la Cour au mois. A Paris en Parlement le 14. Février 1690.

Signé, Du Tillet.

ESTAT ET TARIF DES DROITS, Salaires & Vaccations attribuez aux Iurez Crieurs de Corps & de Vins en cette Ville & Faux-bourgs de Paris.

PREMIEREMENT.

POUR chacune aulne de Segre, ou Drap blanc ou noir, par chacun jour qu'ils ſerviront aux Tentures des Funerailles qui ſe feront, tant aux Egliſes, qu'aux Maiſons en cette Ville de Paris, Trois ſols, cy iij. ſ.

Pour chacune Robbe par jour. iv. l.

Pour chacune aulne de Velours par jour viij. ſ.

Pour un Daix de Charpenterie (ſous lequel repoſera le Corps d'un Défunt) dans une court, (compris le port & rapport d'iceluy, avec la peine du Menuiſier qui le dreſſera) la ſomme de xij. l.

Pour un grand Carré en façon de Chapelle ardente, garny de ſes Croiſillons & Pyramides qui ſe dreſſent dans les Egliſes (compris le port & rapport d'iceluy) xx. l.

Pour un moyen Carré, xij. l.

Pour un petit carré ſimple, iv. l.

Pour un Pot & Taſſe d'argent, avec les Serviettes ſervans à preſenter l'Offrande, xxx. ſ.

Pour chacun Carreau de velours noir, xx. ſ.

Pour chacun Carreau de Serge, x. ſ.

Pour chacun Manteau de Deüil, x. ſ.

Pour chacunes Plaques qui ſe mettent dans les Sales, x. ſ.

Pour un Parement de Velours noir, ou Damas blanc, qui ſe met au logis d'une perſonne decedée, à la Teſte du corps, en forme d'Autel, auſſi par chacun jour, iij. l.

Pour un Poësle de Velours noir, ou Damas blanc; qui pose sur les Cercüeils, vj. l.

Pour chacun Chandelier d'argent, xx. s.

Et s'il est de vermeil doré, xxx. s.

Pour chacun Crieur qui assistera à un Convoy avec sa Robe & Sonnette, pour iceluy conduire du Logis à la Paroisse, iij. l. iv. s.

Et s'il y a transport du Corps en un autre Eglise pour y estre inhumé, iv. l. x. s.

Pour la Vaccation du Crieur qui aura la principale charge d'un Convoy, Service, ou bout de l'An, il sera payé selon la peine qu'il aura.

Pour un Fauteüil, par jour, xx. s.

Pour une Chaise, par jour, xv. s.

Pour un Siege pliant, x. s.

Pour une Estrade simple, xij. l.

Pour une double Estrade, xxiv. l.

Pour la Credence, iij. l.

Pour la Vaccation de l'Homme qui portera les Billets, par chacun jour, xxx. s.

Pour chacun cent desdits Billets qui auront servy à la Semonce des Obséques & Convois; Pour ceux qui seront en petit papier, xl. s.

Pour ceux qui seront en moyen papier, l. s.

Et pour les autres Billets qui auront esté faits en grand papier, iij. l.

Fait & arresté au Bureau de la Ville, le cinquiéme jour de Janvier mil six soixante-onze.

Signé, LANGLOIS.

TARIF DES DROITS DES [illegible] Officiers de la Ville de Troyes.

VEU l'Edit de création des Offices de Jurez Crieurs de Corps & de Vins dans le Royaume du mois de Janvier dernier, l'Arrest du Conseil rendu en consequence le six May dernier ; Nous avons permis audit Suppliant sur sa Requeste & sous le bon plaisir de Sa Majesté de percevoir dans ses fonctions les droits qui suivent.

SÇAVOIR,

Pour assister aux Convois avec sa Robe & Sonnette, quand il en sera requis, 30. s.

Pour crier Corps, Confreries, Enfans, Mules, Chevaux, ventes de bois, charbon, huile, & toutes choses qui seront à crier en ladite Ville, 12 s. 6. d.

Pour les Corps des Vins & autres boissons, 7. s.

Pour chaque cry de ventes de meubles, quand il en sera requis, 12. s. 6. d.

Pour les cris & proclamations à son de trompe, tambour ou Sonnette des Appels, à Bans, Lettres de divorce, Separations de biens, Papier Terrier, encheres d'Offices & de bien, aux portes des Eglises, du Palais & autres Places publiques, quand il en sera requis, 12. s. 6. d.

Arresté à Troyes par nous Juge sous-signé, ce 12. Juillet 1690. avant midy.

Signé, VIGNERON.

www.ingramcontent.com/pod-product-compliance
Lightning Source LLC
LaVergne TN
LVHW010302230826
846091LV00007BB/2667

* 9 7 8 2 3 2 9 5 9 2 5 0 3 *